AF187582

Impressum

Verlag: BABADADA GmbH, Nedderfeld 112 , 22529 Hamburg

Geschäftsführer / Verlagsleitung: Harald Hof

Druck: Books on Demand GmbH, In de Tarpen 42, 22848 Norderstedt

Imprint

Publisher: BABADADA GmbH, Nedderfeld 112 , 22529 Hamburg, Germany

Managing Director / Publishing direction: Harald Hof

Print: Books on Demand GmbH, In de Tarpen 42, 22848 Norderstedt, Germany

школа

baruumsaa

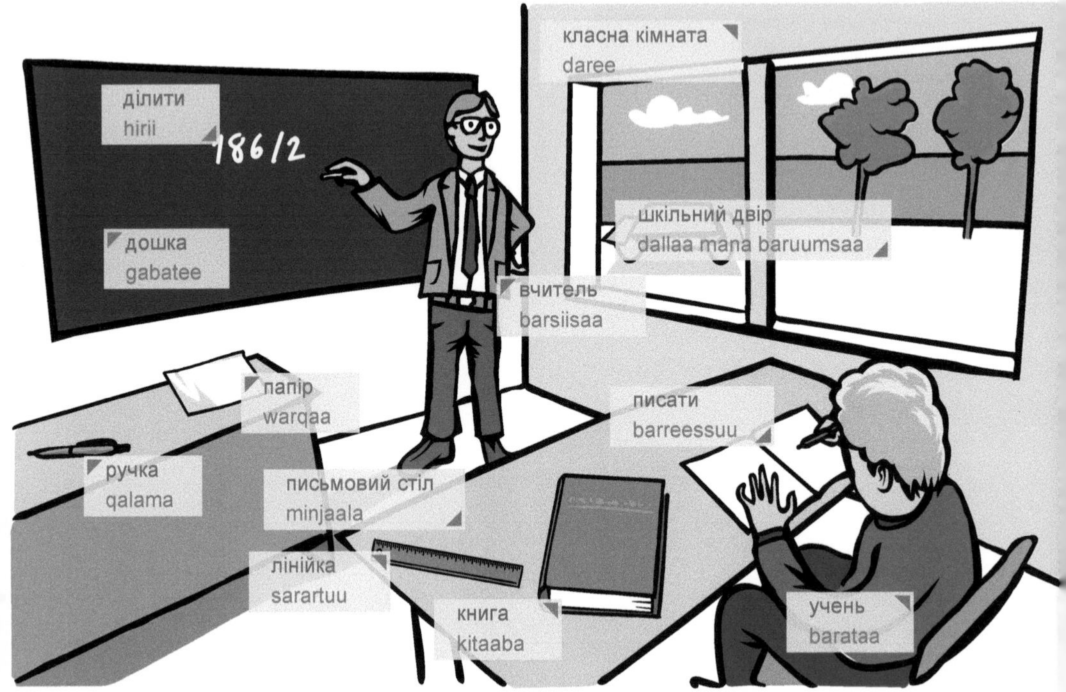

класна кімната
daree
ділити
hirii
186/2
дошка
gabatee
шкільний двір
dallaa mana baruumsaa
вчитель
barsiisaa
папір
warqaa
писати
barreessuu
ручка
qalama
письмовий стіл
minjaala
лінійка
sarartuu
книга
kitaaba
учень
barataa

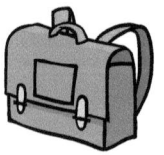

ранець

korojoo baattamu

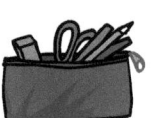

пенал

teessoo irsaasii

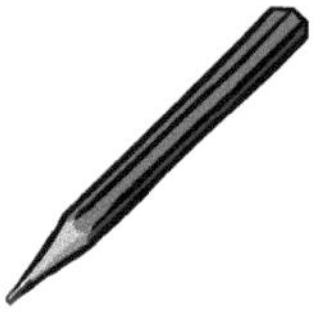

олівець

irsaasii

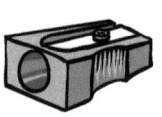

точило

qartuu irsaasii

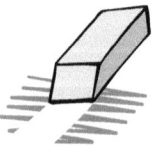

гумка

haqxuu

альбом для малювання

paadii fakkii

малюнок

fakkii

пензель

burusha halluu

коробка фарб

saanduqa halluu

ножиці

maqasa

клей

maxxansituu

зошит

daftara

домашнє завдання

hojii manaa

число

lakkoofsa

додавати

ida'ii

віднімати

hir;isi

множити

bay;isi

рахувати

heerregii

пітера

xalayaa

абетка

tarree qubee

слово

jecha

текст

kitaaba barataa

читати

dubbisuu

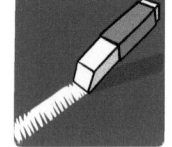

крейда

biroonkii

година

baruumsa

класний журнал

galmeessuu

екзамен

qormaata

диплом

raga barreeffamaa

шкільна форма

uffata mana baruumsaa

освіта

barnoota

лексикон

insaaykiloopeediyaa

університет

yuunivarstii

мікроскоп

maaykiroos kooppii

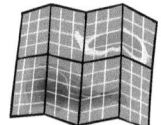

карта

kaartaa

кошик для паперу

qircaata gatoo

подорож

imala

готель
hoteela
Grand
турбаза
hosteela
ROOMS
обмінний пункт
biiroo de cheenjee
валіза
shaanxaa kafanaa
автомобіль
konkolaataa

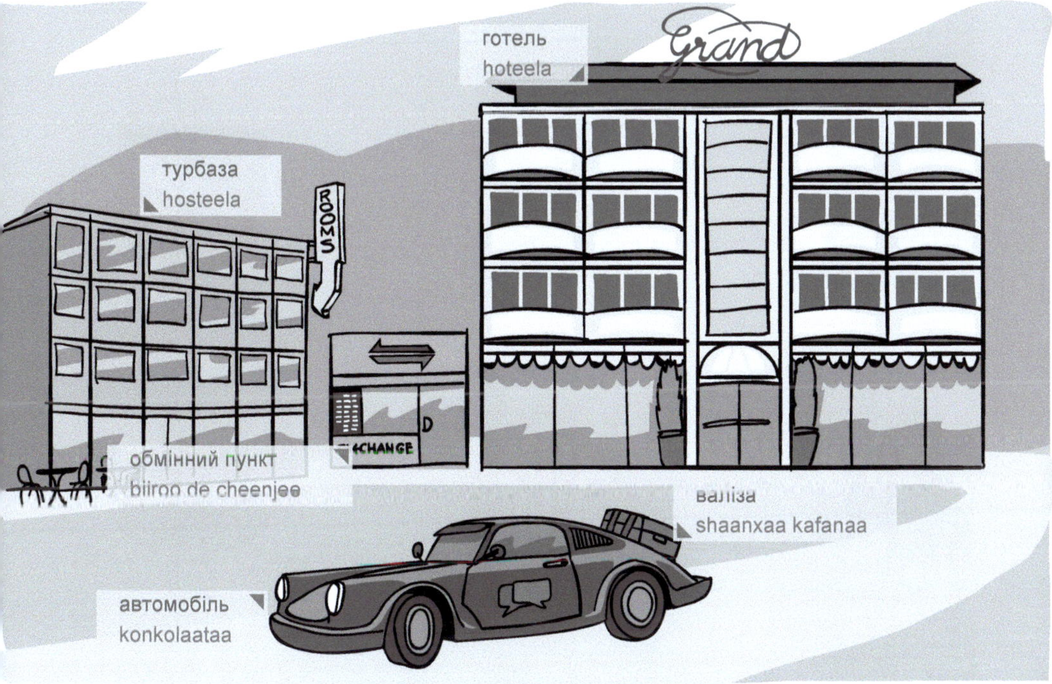

мова

afaan

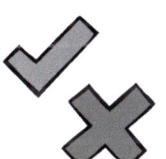

так / ні

eyyeen / mitii

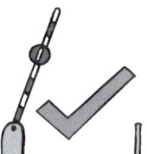

добре

haa ta'u

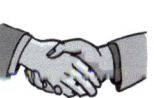

привіт

heloo

перекладач

turjmaana

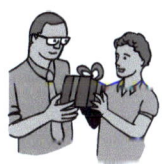

дякую

galatoomaa

Скільки коштує ...?

meeqa

Я не розумію

naaf hingalle

проблема

rakkoo

Добрий вечір!

akkam ooltan

Доброго ранку!

akkam bultan?

На добраніч!

halkan gaarii

До побачення

nagaatti nagaatti

напрямок

kallattii

багаж

ba'aa imalaa

сумка

korojoo

рюкзак

ba'aa dugdaa

гість

keessummaas

кімната

kutaa

спальний мішок

korojoo hirriibaa

намет

dukkaana

туристична інформація

odeeffannoo turistii

пляж

qarqara haroo

кредитна картка

kireedit kaardii

сніданок

ciree

обід

laaqana

вечеря

irbaata

квиток

tikkeetii

ліфт

liiftii

поштова марка

chaappaa

межа

daangaa

митниця

barmaatilee

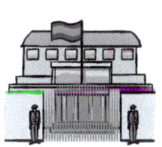

посольство

embaasii

віза

viizaa

паспорт

paasspoortii

транспорт
geejiba

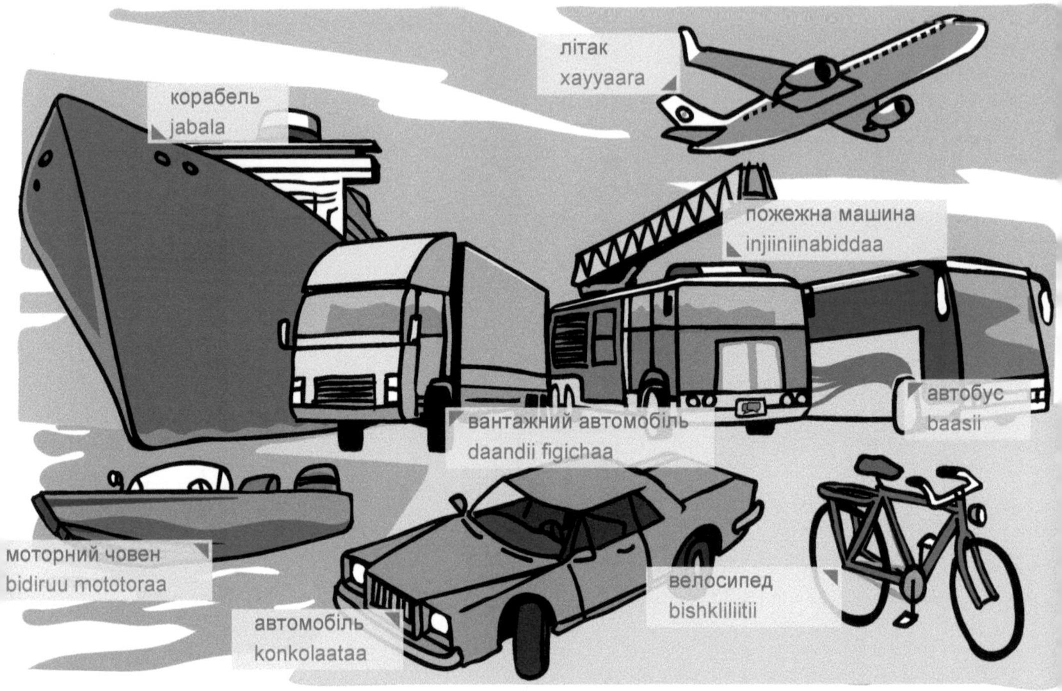

літак
xayyaara
корабель
jabala
пожежна машина
injiiniinabiddaa
автобус
baasii
вантажний автомобіль
daandii figichaa
моторний човен
bidiruu mototoraa
велосипед
bishkliliitii
автомобіль
konkolaataa

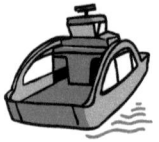

пором

bidiruu deeddebii

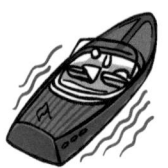

човен

bidiruu

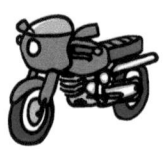

мотоцикл

doqdoqqee

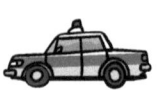

поліцейська машина

konkolaataa foolisaa

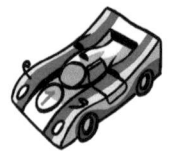

гоночний автомобіль

konkolaataa dorgommii

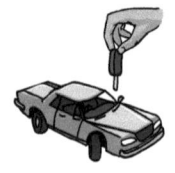

автомобіль на прокат

konkolaataa kiraa

спільне користування авто

konkolataa waliin gahuu

евакуатор

marsaa boqqoonna

сміттєвоз

daandii dhorkaa

двигун

motora

паливо

boba'aa

автозаправна станція

buufata boba'aa

дорожній знак

mallattoo tiraafikaa

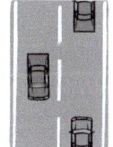

рух

tiraafika

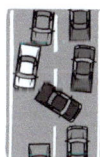

затор

cuccufaa daandii
konkolaataa

стоянка

dhaabbii konkolaataa

вокзал

buufata baburaa

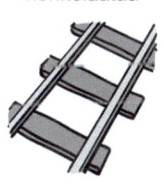

рейки

konkolaataa guddaa

потяг

baabura

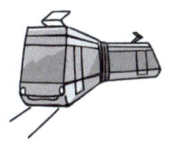

трамвай

baabura eleektirikaa

вагон

gaarii fardaa

гелікоптер

helikooftara

аеропорт

buufata xayyaaraa

вежа

qooxii

пасажир

keessummaa

контейнер

konteenara

коробка

kaartunii

візок

gaarii

кошик

qirccaata

стартувати / приземлятися

barrisuu / qubachuu

місто

magaalaa gudaa

село

araddaa

центр міста

handhuura magaalaa

дім

mana

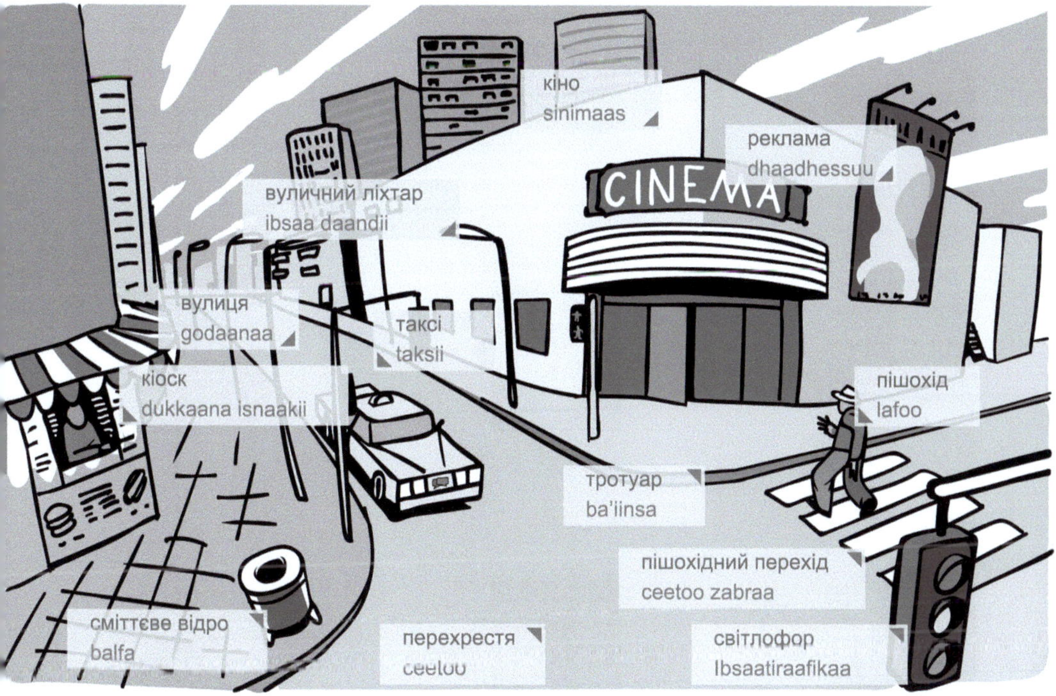

кіно
sinimaas

реклама
dhaadhessuu

вуличний ліхтар
ibsaa daandii

CINEMA

вулиця
godaanaa

таксі
taksii

кіоск
dukkaana isnaakii

пішохід
lafoo

тротуар
ba'iinsa

пішохідний перехід
ceetoo zabraa

сміттєве відро
balfa

перехрестя
ceetoo

світлофор
Ibsaatiraafikaa

хатина
godoo

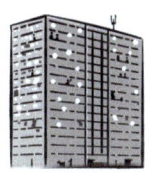

квартира
diriiraa

вокзал
buufata baburaa

ратуша
galma magaalaa

музей
muuziyeemii

школа
baruumsaa

університет

yuunivarstii

банк

baankii

лікарня

hospitaala

готель

hoteela

аптека

mana qorichaa

офіс

waajjira

книжковий магазин

dukkana kitaabaa

магазин

dukkaana

квітковий магазин

gurgurtuu abaabo

супермаркет

suppar maarkeetii

ринок

gabaa

універмаг

kuusaa dame

торговець рибою

kiyyeessituu qurxxummii

торговельний центр

giddu gala gabaa

гавань

buufata galaanaa

парк

paarkii

лава

tessoo dalgee

міст

riqica

сходи

sibsaabii

метро

Lafa jala

тунель

holqa

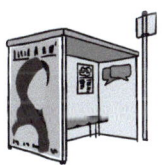

автобусна зупинка

buufata konkolaataa

бар

baarii

ресторан

mana nyaataa

поштова скринька

saanduqa poostaa

вулична табличка

mallattoodaandii

лічильник паркування

idoo dhaabbii konkolaataa

зоопарк

dallaa beeladaa

басейн

haroo daakkaa

мечеть

masgiida

ферма

qonna

забруднення
навколишнього
середовища
faalama

кладовище

iddoo awwaalchaa

церква

charchii

дитячий майданчик

dirree taphaa

храм

siidaa

ландшафт

teechuma lafaa

листок
baala

вказівний стовп
maxxansa beeksiisaa

шлях
karaa

луг
huruufa magariisa

камінь
dhakaa

мандрівник
nama lafoo deemu

дерево
muka

річка
laga

трава
mrga

квітка
abaaboo

долина

sulula

гора

tabba

озеро

hara

ліс

bosona

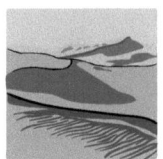

пустеля

gammoojjii oo;aa

вулкан

dhooyinsalafaa

замок

masaraa

веселка

sabbata waaqqaa

гриб

jaarsa marqoo

пальма

muka teemiraa

комар

bookee busaa

муха

balali'uu

мурашка

mixii

бджола

kanniisa

павук

sarariitii

жук

boombii

жаба

hurrii

вивірка

shikookkoo

їжак

xaddee

заєць

beelada illeentii fakkaatu

сова

jajuu

птах

simbira

лебідь

daakkiyyee

кабан

ifaannaa

олень

godaa

лось

godaa ameerikaatti argamu

гребля

riqicha

вітряк

tarbaayinii buubbee

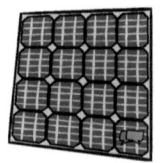

сонячний модуль

panaalii soolaarii

клімат

haala qilleensaa

ресторан

mana nyaataa

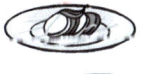

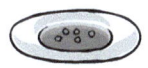

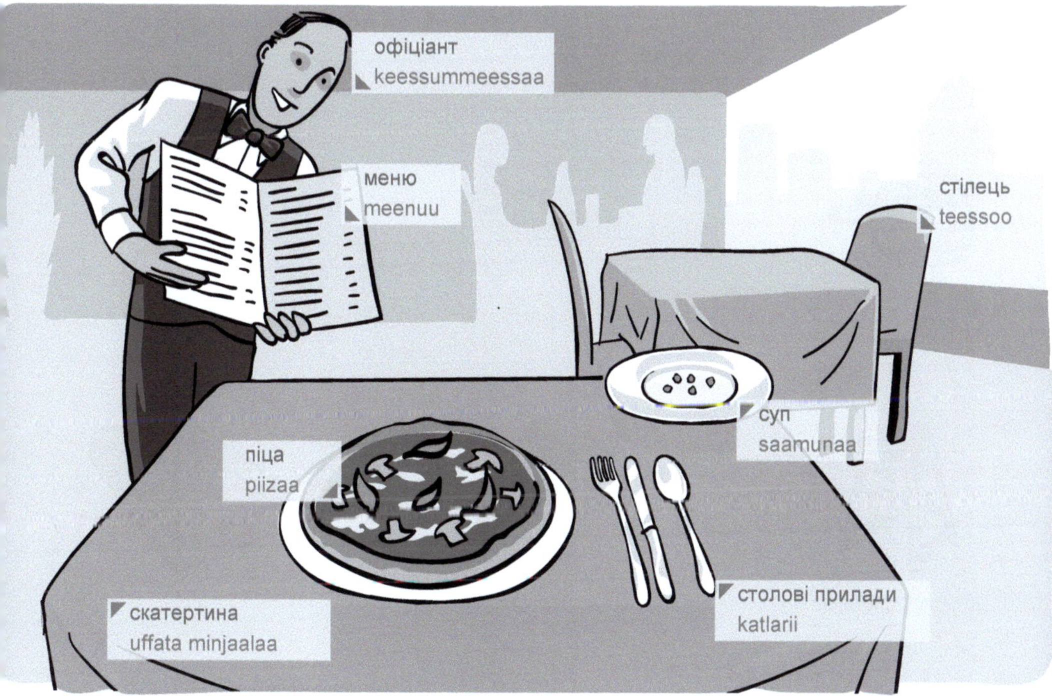

офіціант
keessummeessaa
меню
meenuu
стілець
teessoo
суп
saamunaa
піца
piizaa
скатертина
uffata minjaalaa
столові прилади
katlarii

закуска

calqabsiisaa

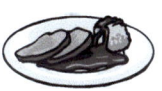

друга страва

madda muummee

десерт

deezaartii

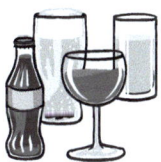

напої

dhugaatii

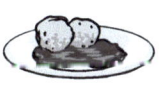

їжа

nyaata

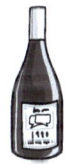

пляшка

qaruuraa

фаст-фуд

nyaata qophaa'aa

вулична їжа

nyaata karaa irraa

чайник

markajii shaayii

цукорниця

qodaa shukkaaraa

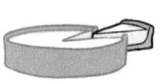

порція

uwwisa

еспресо-машина

maashina espereessoo

високий стільчик

teessoo ol ka'aa

рахунок

nagahee

піднос

tirii

ніж

hlbee

вилка

shuukkaa

ложка

fal'aana

чайна ложка

fal'aana shaayii

серветка

uffrata minjaala nyaataa

склянка

burcuqqoo

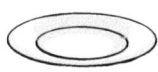

тарілка

diiriiraa

тарілка для супу

teessoo saamunaa

блюдце

teessoo siinii

соус

sugoo

солонка

qodaa sooqiddaa

млин для перцю

daaktuu barbaree

оцет

hadhooftuu

масло

zayita

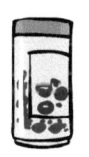

спеції

qimamii

кетчуп

kachappii

гірчиця

sanaafica

майонез

maaynoneezii

супермаркет
suppar maarkeetii

пропозиція
kenaa addaa
FOR
клієнт
maamila
молочні продукти
oomish aannanii
фрукти
fuduraa
візок для покупок
baabura eelektirikaa

BUTCHERS

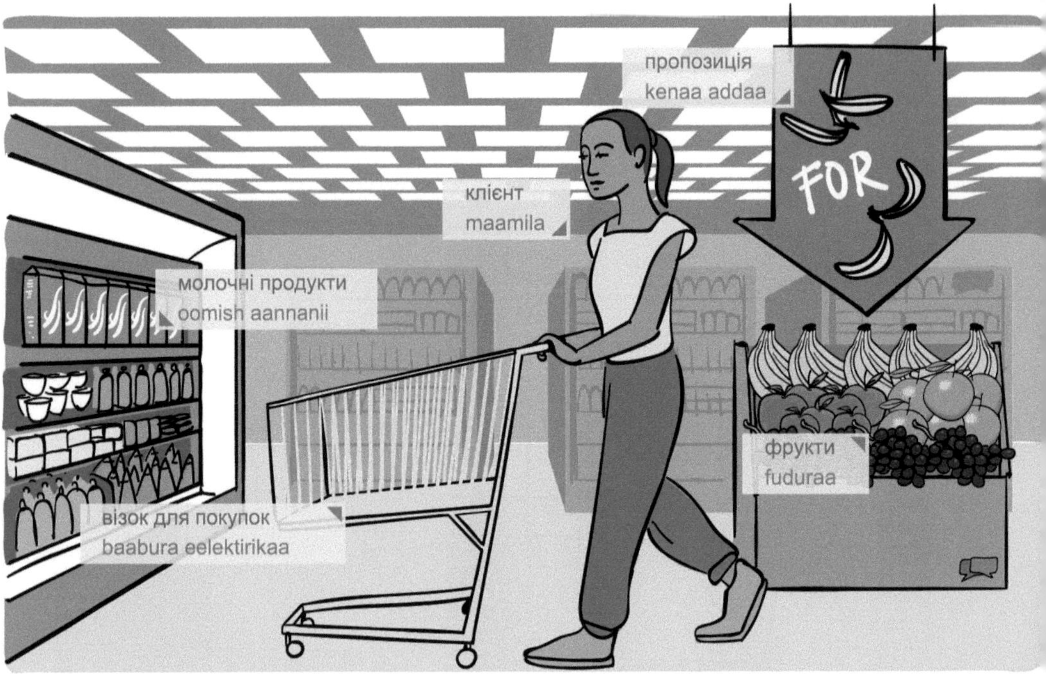

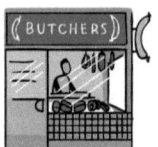

м'ясний магазин

mana foonii

BAKERY

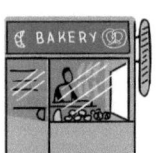

пекарня

tolchituu

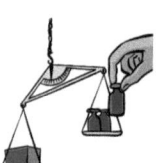

зважувати

ulfaatina safaruu

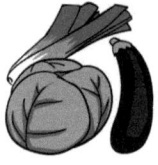

овочі

kuduraa

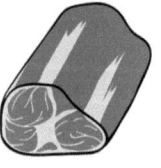

м'ясо

foon

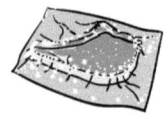

заморожені продукти

nyaataqorraa

ковбасна нарізка

foon qorraa

консерви

nyaata samsmaa

пральний порошок

oomoo

солодощі

mi'aawaa

предмети домашнього побуту

oomisha meeshaa manaa

мийний засіб

bu'aa qulqulleessuu

продавщиця

nama gurgurtaa

каса

hanga

касир

qarshi qabduu

список покупок

taree gabaa

часи роботи

sa'aatii baniinsaas

гаманець

krojoo qarshii kan dhiiraa

кредитна картка

kireedit kaardii

сумка

korojoo

поліетиленовий пакет

korojoo pilaastikaa

супермаркет - suppar maarkeetii

вода

bishaan

сік

cuunfaa

молоко

aannani

кола

kookii

вино

wayinii

пиво

biiraa

алкоголь

alkoolii

какао

kookaa

чай

shaayii

кава

buna

еспресо

espereesso

капучіно

kaappuchuunoo

банан

muuzii

яблуко

aappilii

апельсин

burtukaana

кавун

meeloonii

лимон

loomii

морква

kaarotii

часник

qullubbii adii

бамбук

leemmana

цибуля

qullubbii

гриб

jaarsa marqoo

горішки

godoo

локшина

gowwaa

спагеті

ispaageetii

рис

ruuza

салат

salaaxaa

картопля фрі

chiipsii

смажена картопля

moose affeelamaa

піца

piizaa

гамбургер

hmbargarii

бутерброд

saanduchii

шніцель

kotaleetii

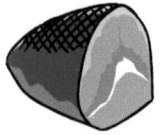

шинка

foon booyyee kan luka fuuiduraa

салямі

nyaata mi'eessituu fi sooggiddan sukkummame

ковбаса

sausage

курка

lukuu

печеня

waaddii

риба

qurxummii

вівсяні пластівці

bulluqa aajjaa

мюслі

masliis

кукурудзяні пластівці

fandishaa

борошно

daakuu

круасан

kiroosantii

булочка

daabboo-

хліб

daabboo

тостовий хліб

dabboo oo'aa

печиво

buskuuta

масло

dhadhaa

сир

itittuu

пиріг

keekii

яйце

buuphaa

яєчня

buuphaa affeelamaa

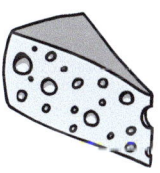

сир

ayibii

морозиво

aays kireemii

цукор

shukkaara

мед

damma

мармелад

marmaalaataa

нуга-крем

chokkoleetii bittinnaa'aa

карі

kuurii

ферма
qonna

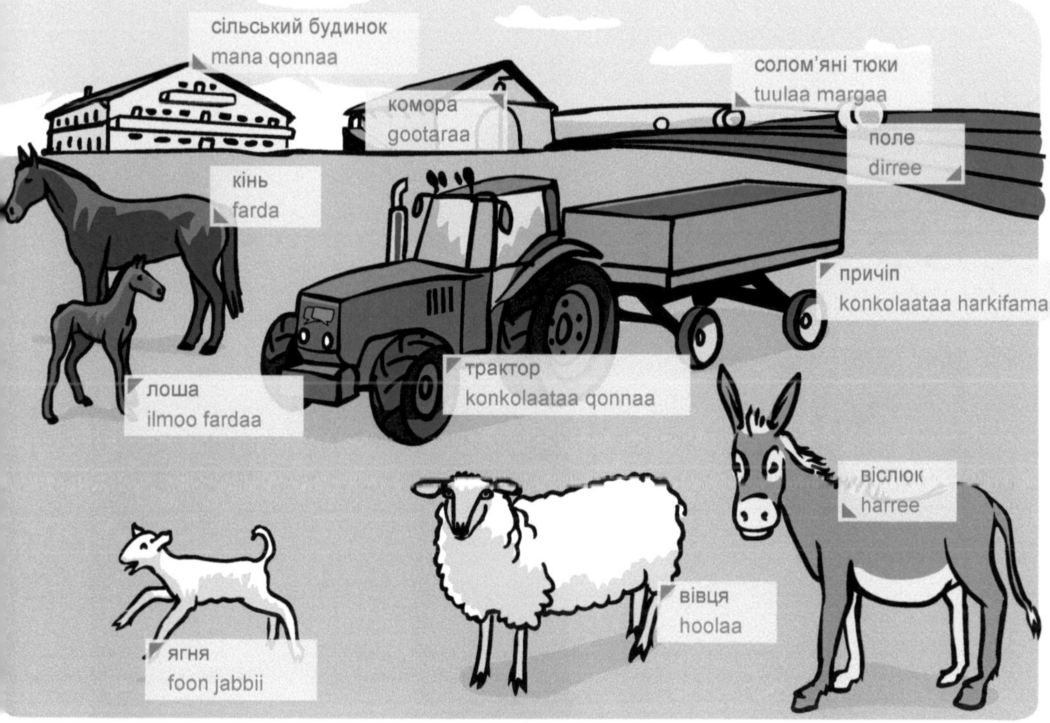

сільський будинок
mana qonnaa
комора
gootaraa
солом'яні тюки
tuulaa margaa
поле
dirree
кінь
farda
причіп
konkolaataa harkifamaa
лоша
ilmoo fardaa
трактор
konkolaataa qonnaa
віслюк
harree
вівця
hoolaa
ягня
foon jabbii

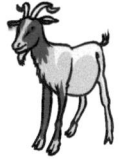

коза
ra'ee

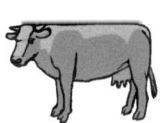

корова
sa'a

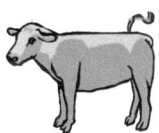

теля
jabbilee

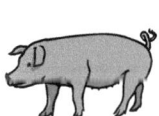

свиня
booyyee

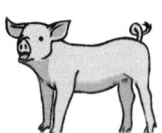

порося
ilmoo booyyee

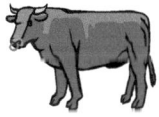

бик
korma

гусак

ziyyee

качка

daakkiyyee

курча

lukkuu

курка

lukkuu haadhoo

півень

lukkuu kormaa

щур

hantuuta

кіт

adurree

миша

hantuuta goodaa

віл

qotiyyoo

собака

saree

собача будка

mana saree

садовий шланг

ujjummoo oddoo

лійка

kan ittin bishaan obaasan

коса

haamtuu dheeraa

плуг

qotuu

серп

haamtuu

мотика

gasoo

вила

manshii

сокира

qotoo

тачка

gaarii goommaa

корито

suluula

бідон молока

meeshaa aannanii

мішок

keeshaa

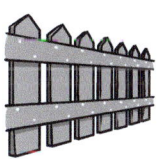

паркан

dallaa

хлів

tasgabbii

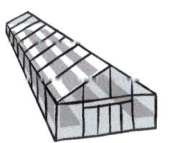

теплиця

mana biqiltuu

ґрунт

biyyee

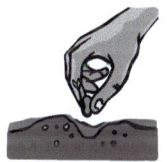

насіння

sanyii

добриво

dachee gabbistuu

комбайн

kmbaayinara haamaa

ферма - qonna

пожинати

haamuu

урожай

haamuu

корінь ямсу

biqiltuu hundeen isaa nyaatamu

пшениця

qamadii

соя

sooy

картопля

moose

кукурудза

boqqoolloo

ріпак

raappii siidii

плодове дерево

muka fudraa

маніок

kzaavaa

злаки

midhaan biilaa

димохід
hula aaraa

дах
baaxii

водостічний лоток
ujummo bishaanii

вікно
fooddaa

гараж
garaajii

дзвінок
bilibila balbalaa

двері
balbala

відро для сміття
teessoo balfaa

поштова скринька
saanduqa xaiayaas

сад
oddoo

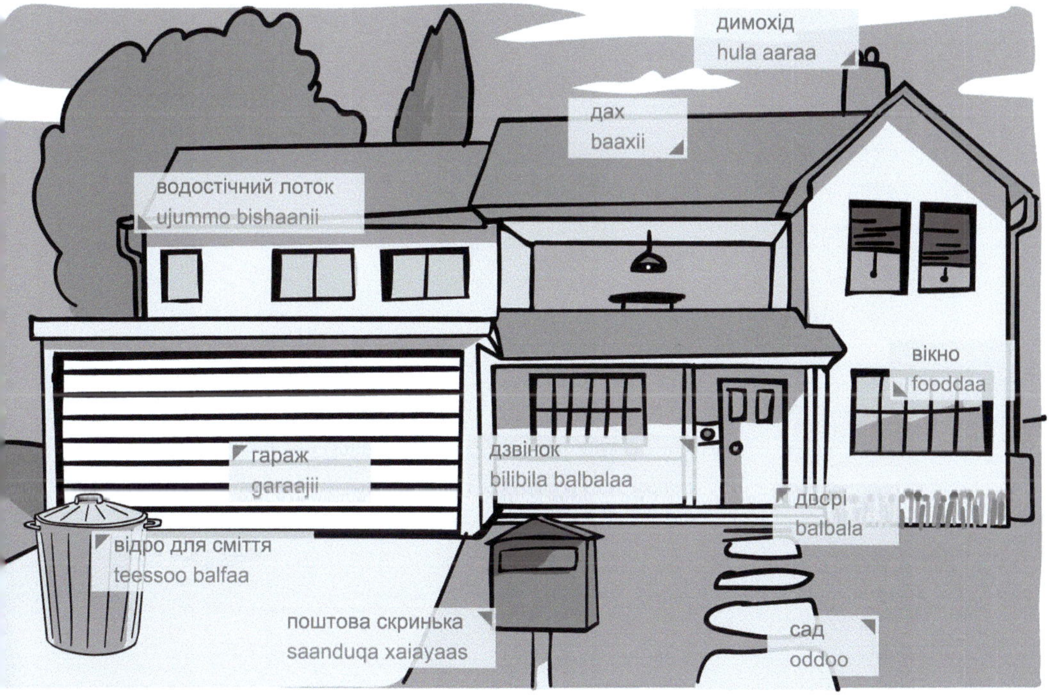

вітальня
kutaa jireenyaa

ванна кімната
kutaa dhiqannaa

кухня
mana bilcheessaa

спальня
kutaa ciisichaa

дитяча кімната
kutaa ijoollee

їдальня
kutaa nyaataa

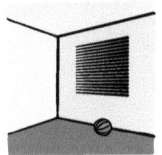

підлога

lafa

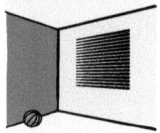

стіна

ededaa

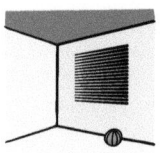

стеля

baaxii

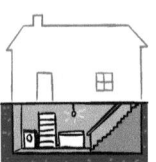

підвал

seelaarii

сауна

saawunaa

балкон

baankoonii

тераса

madaba

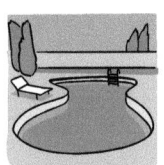

басейн

puulii

косарка

konkoolaataa haamaa

простирало

ansoolaa

ковдра

uffata siree

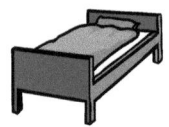

ліжко

siree

мітла

hartuu

відро

baaldii

перемикач

cufuu

вітальня
kutaa jireenyaa

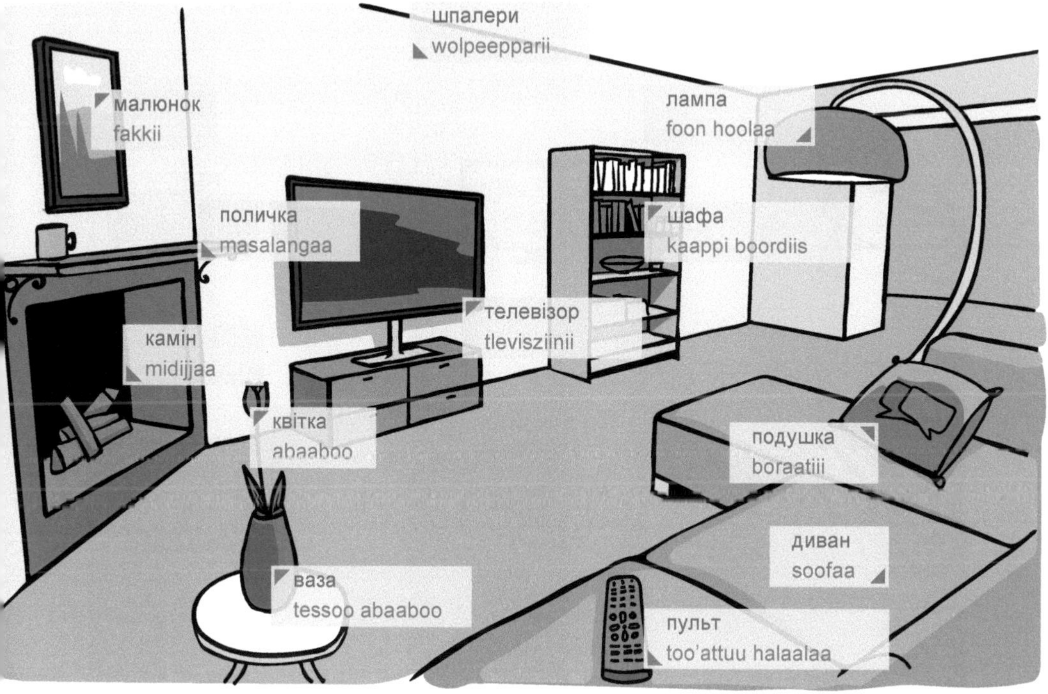
шпалери
wolpeepparii
малюнок
fakkii
лампа
foon hoolaa
поличка
masalangaa
шафа
kaappi boordiis
телевізор
tlevisziinii
камін
midijjaa
квітка
abaaboo
подушка
boraatiii
диван
soofaa
ваза
tessoo abaaboo
пульт
too'attuu halaalaa

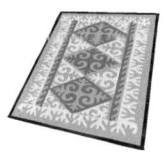

килим

afata

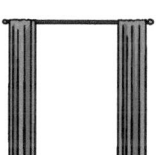

завіса

golgaa

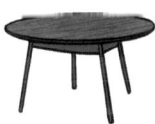

стіл

minjaala

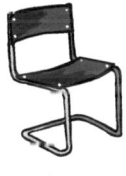

стілець

teessoo

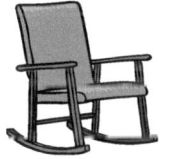

крісло-гойдалка

teessoo rarra'aa

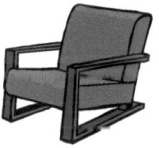

крісло

teesoo ciqilffannaa

книга

kitaaba

ковдра

uffata qorraa

прикраса

midhagina

дрова

muka qoraanii

фільм

fiilmii

стереосистема

meeshaa

ключ

furtuu

газета

gaazexaa

картина

dibuu

плакат

barjaa

радіо

reedyoonii

блокнот

daftara yaadanoo

пилосос

meeshaa eeleektirikaa afata qulqulleessu

кактус

laaftoo

свічка

dungoo

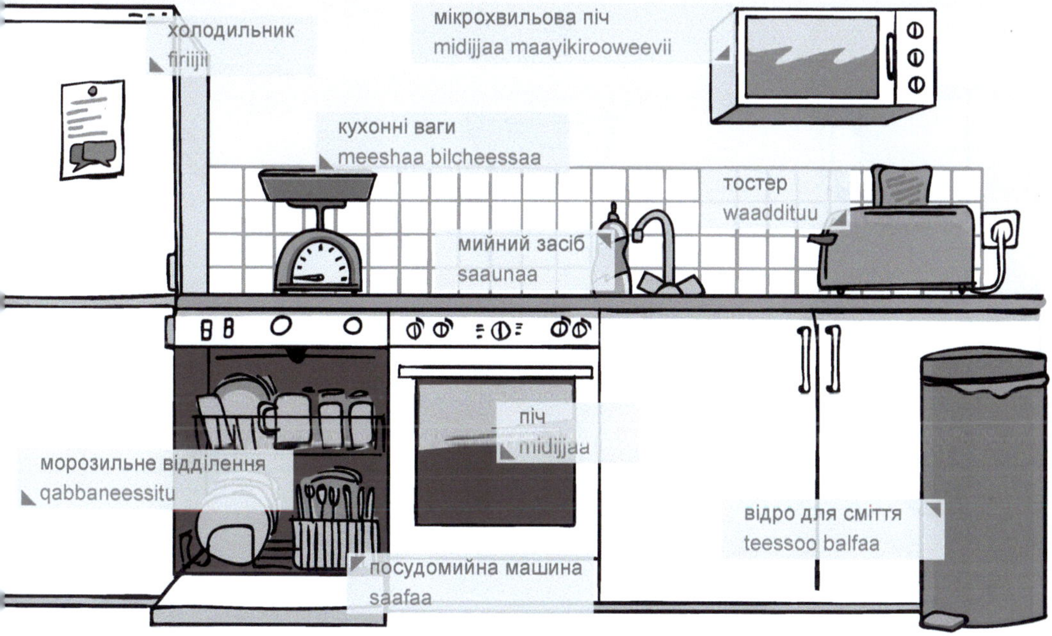

холодильник
firiijii

мікрохвильова піч
midijjaa maayikirooweevii

кухонні ваги
meeshaa bilcheessaa

тостер
waaddituu

мийний засіб
saaunaa

піч
midijjaa

морозильне відділення
qabbaneessitu

відро для сміття
teessoo balfaa

посудомийна машина
saafaa

плита

bilcheesssituu

горщик

okkotee

чавунний горщик

cast-iron pot

вок / кадай

sataatee

сковорода

waaddituu

чайник

markajii

пароварка

jabala humna urkaa

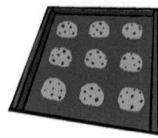

лист

tirii bilcheessaa

посуд

bantuu qaruuraa

кухоль

geeba

чаша

sayinaa

палички для їжі

dibata hidhii

черпак

cilfaa

лопатка

shuukkaa

вінчик для збивання

areeda aduurree

сито

dhimbiibduu

сито

gingilchaa

терка

meeshaa farfartuu

ступка

mooyyee

барбекю

waadii abiddaa

багаття

midijjaa

дошка

maktafiyaa

качалка

martuu

штопор

bantuu qaruuraa

конзерва

danda'uu

відкривачка

banuu danda'uu

прихватки

teesoo okkotee

раковина

lixuu

щітка

buruushii

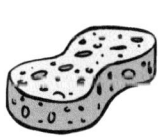

губка

ispoonjii

міксер

meeshaa waliin makaa

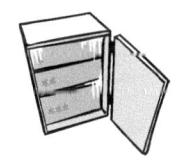

морозильна камера

qabbaneessaa guddaa

дитяча пляшка

xuuxxoo

кран

ujjuummoo

ванна кімната

kutaa dhiqannaa

опалення
oo'istuu
рушник
baaldii
душ
shhworii
душова завіса
golgaa shaaworii
піниста ванна
daakaa bashannanaa
ванна
gabatee dhiqannaa
склянка
burcuqqoo
пральна машина
maashina miiccaas
кран
ujjuummoo
плитка
billookkeetti
горшок
waan xiqqoo
раковина
lixuu

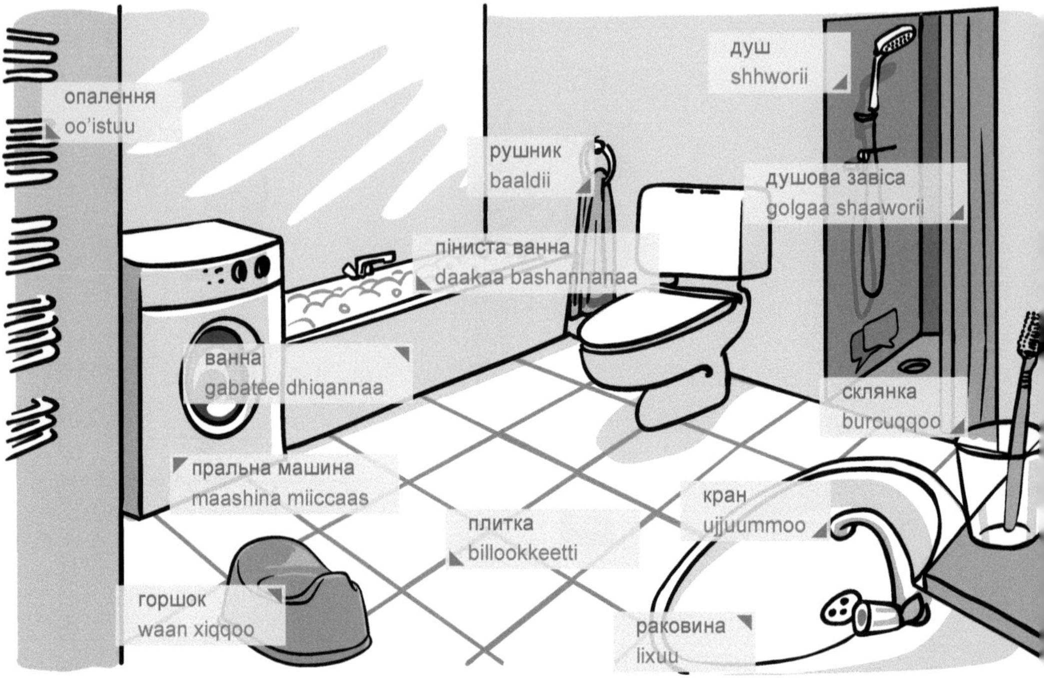

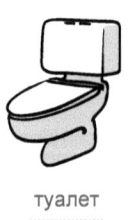

туалет

mana fincaanii

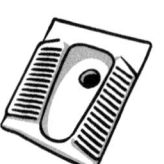

підлоговий туалет

mana fincaanii taa'e

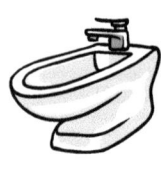

біде

saafaa

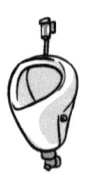

пісуар

sahiinaa mana fincaanii

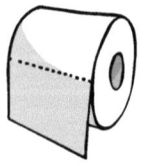

туалетний папір

sooftii

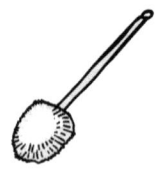

щітка для туалету

burusha mana fincaanii

зубна щітка

buruushii ilkaanii

зубна паста

saamunaa ilkaanii

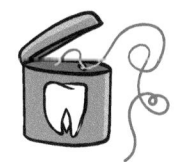

нитка для чищення зубів

soqxuu ilkaanii

мити

dhiquu

ручний душ

qaama dhiqannaa aadaa

інтимний душ

kan dach

таз

sulula

щітка для спини

mana dhiqataa

мило

saamunaa

гель для душу

dibata dhiqannaa boodaa

шампунь

shaampuu

мочалка

jejuu

водостік

gogsuu

крем

kireemii

дезодорант

dodoraantii

дзеркало

daawitii

косметичне дзеркало

daawitii hrkaa

бритва

milaacii

піна для гоління

dibata areedaas

лосьйон після гоління

diibata areedaa

гребінь

filaa

щітка

burusha

фен

qoorsituu rifeensaa

лак для волосся

hafuuftuu rifeensaa

косметика

meekaappii

губна помада

lippistiikii

лак для нігтів

qeessa muculiksituu

вата

jirbii

ножиці для нігтів

murtuu qeessa

парфум

shittoo

косметичка

korojoo dhiqannaa

табурет

gatteechuma

ваги

iskeelii ulfaatinaa

халат

uffata dhiqannaa

гумові рукавички

guwaantii pilaastikaa

тампон

moodesii

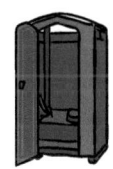

гігієнічні прокладки

fooxaa qulquulinaa

біотуалет

keemikaala mana fincaanii

дитяча кімната

kutaa ijoollee

будильник
sa'aatii alaarmii
м'яка іграшка
Eebbiyyoo Hammatamu
іграшковий автомобіль
konkolaatt ijollee
брязкальце
hasaasuu
ляльковий будиночок
mana eebbiyyo
подарунок
jira

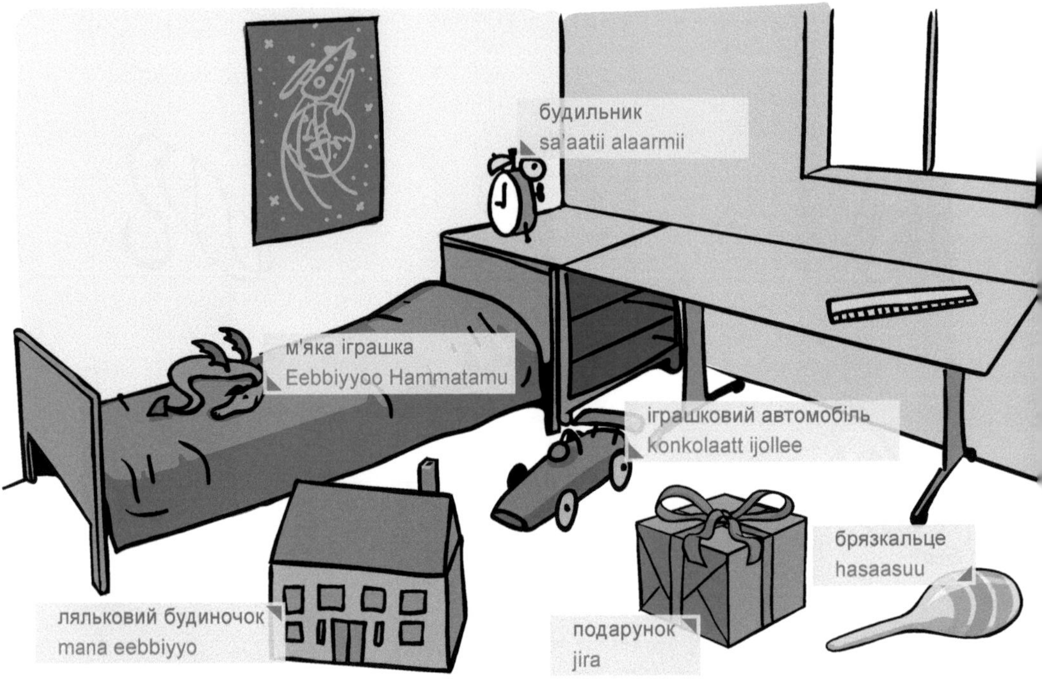

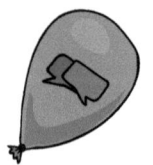

повітряна кулька

baaloonii

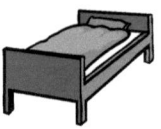

ліжко

siree

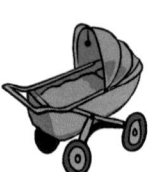

дитячий візок

gaarii daa'imaa

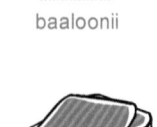

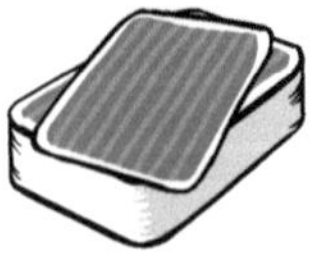

картярська гра

Minjaala Kaardii

пазл

akaafaa

SUPER
MEGA

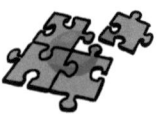

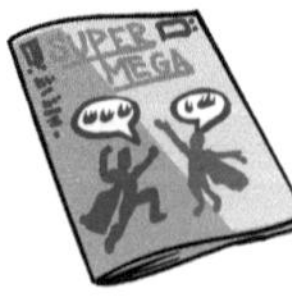

комікс

kofalchiisaa

лего цеглинки

lego bricks

блоки

dlookii ijaarsaa

іграшкова фігурка

lakkofsa gochaa

повзунки

guddina daa'imaa

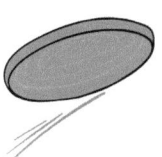

фризбі

saahinaa taphaa

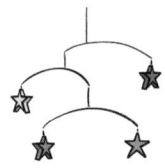

мобіле

mobaayilii

настільна гра

gabatee taphaa

кубик

kuubii lakk. 1-6 qabu

модель залізнична станція

teessuma leenji'aa
modeelaa

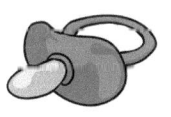

соска

fakkii

вечірка

afeerrii

книжка з картинками

kitaaba fakii

м'яч

kubbaa

пяпька

eebiyyoo

грати

tapha

пісочниця

boolla cirrachaa

гойдалка

hodhuu

іграшка

eebbiyyoo

гральна консоль

konsoli tapha viidyoo

триколісний велосипед

marsaa sadii

плюшевий мішка

eebiyyo hammatamtu

шафа

sanduqaa dhaabbii

одяг

cuufinsa

шкарпетки

kaalsii

панчохи

istookingii

колготки

taayitii

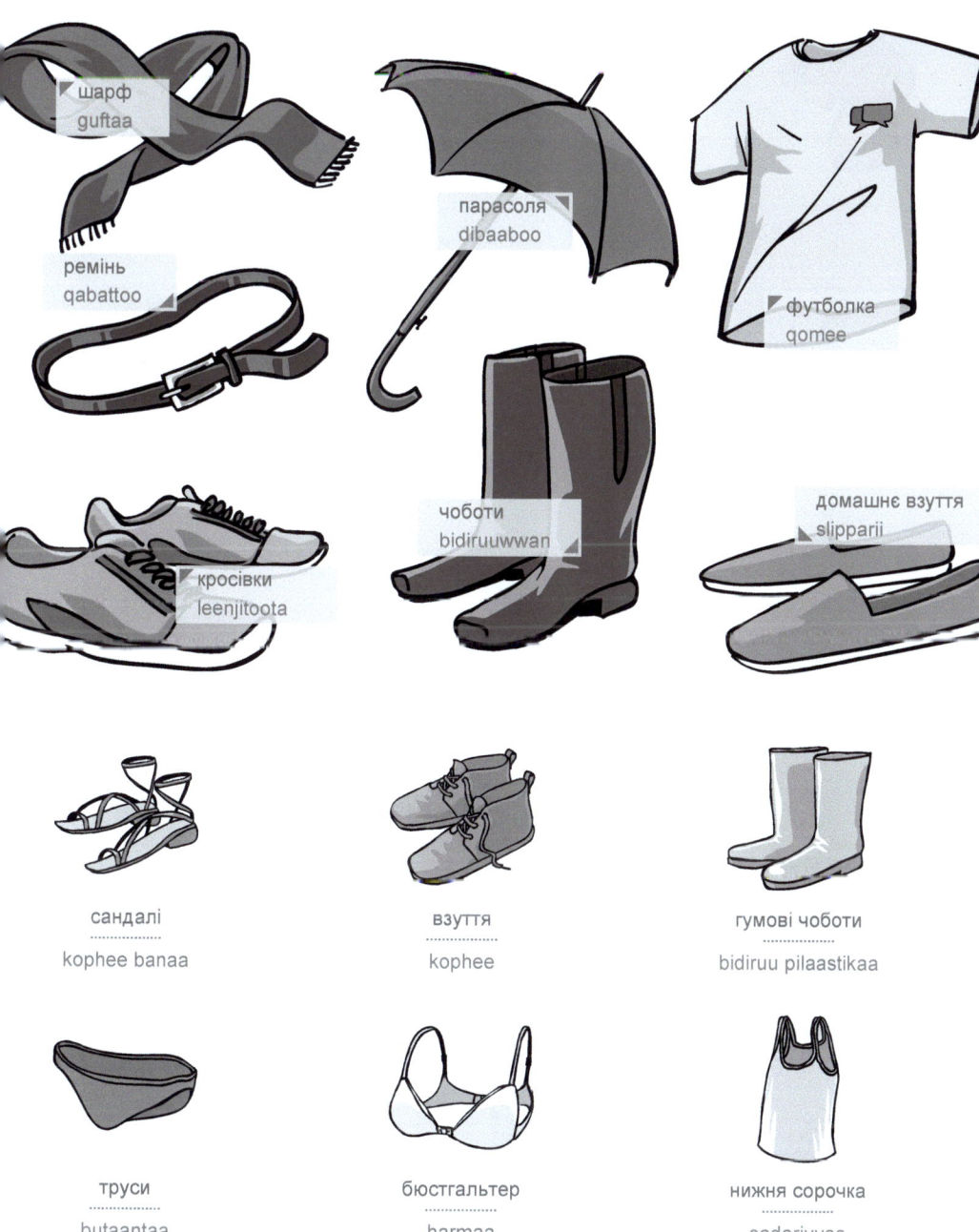

шарф
guftaa

ремінь
qabattoo

парасоля
dibaaboo

футболка
qomee

чоботи
bidiruuwwan

домашнє взуття
slipparii

кросівки
leenjitoota

сандалі	взуття	гумові чоботи
kophee banaa	kophee	bidiruu pilaastikaa
труси	бюстгальтер	нижня сорочка
butaantaa	harmaa	sadariyyaa

боді

qaama

штани

kofoo dheeraa

джинси

jiinsii

спідниця

dalgee

блузка

shamiza

сорочка

shurraaba

пуловер

shurraaba

светр

haaguuggii jaakkeettii

піджак

yuunifoormii

куртка

jaakkeettii

пальто

kootii

дощовик

kafana roobaa

костюм

barsuma

сукня

wandaboo

весільна сукня

kafana gaa'ilaa

костюм

kafana guutuu

нічна сорочка

uffata halkanii

піжама

bijaamaa

сарі

wandaboo hindii

головна хустка

guftaa

чалма

marata

бурка

burqaa

кафтан

jalabiyyaa

абая

abaya

купальник

kafana daakkaa

плавки

mudhii

шорти

kofoo gabaabaa

тренувальний костюм

kafanafgiohaa

фартух

appiroonii

рукавички

guwwaantii

гудзик

furtuu

окуляри

burcuqqoowwan

браслет

gumee

ланцюг

amartii

кільце

qubeelaa

сережка

glii

шапка

geeba

плічка

fanoo kootii

капелюх

qoobii

краватка

karbaata

застібка-блискавка

ziippii

шолом

heelmeetii

підтяжки

collee

шкільна форма

uffata mana baruumsaa

уніформа

yuunifoormii

нагрудник

kafana gorooraa

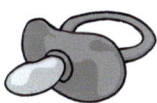

соска

fakkii

підгузок

naappii

офіс
waajjira

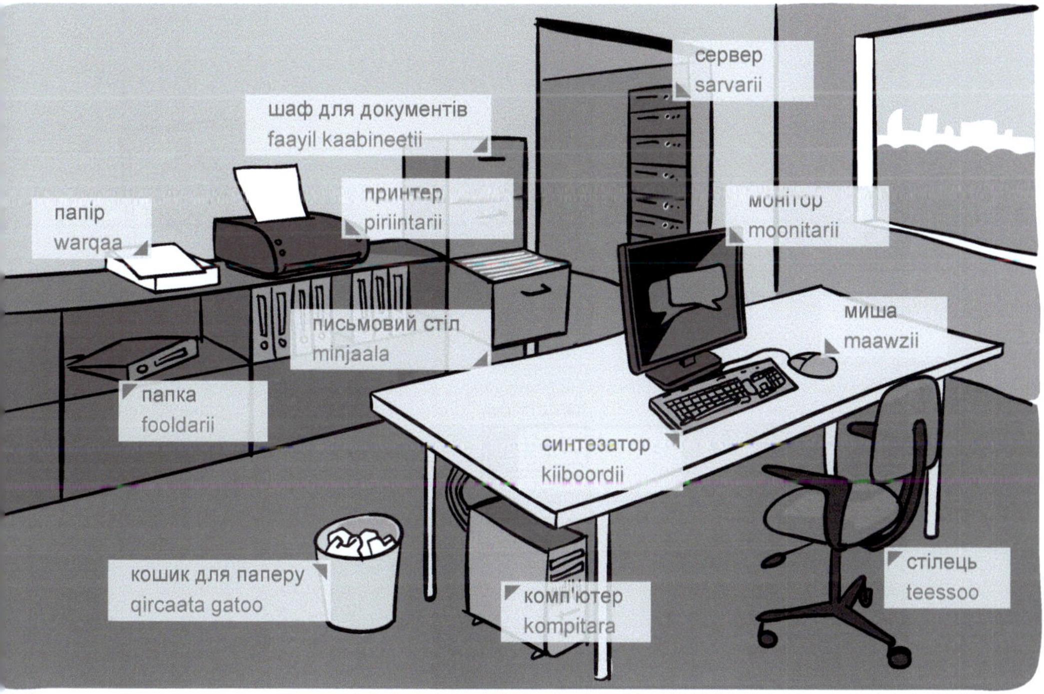

сервер
sarvarii

шаф для документів
faayil kaabineetii

принтер
piriintarii

монітор
moonitarii

папір
warqaa

письмовий стіл
minjaala

миша
maawzii

папка
fooldarii

синтезатор
kiiboordii

кошик для паперу
qircaata gatoo

комп'ютер
kompitara

стілець
teessoo

кавовий кухоль

siinii bunaa

калькулятор

herregduu

інтернет

intarneetii

ноутбук

lab tooppii

лист

xalaya

повідомлення

ergaa

мобільний телефон

mobbyilii

мережа

neetwoorkii

копіювальний пристрій

maashina footokoppii

програмне забезпечення

sooft weerii

телефон

bilbila

розетка

sookkeetii suuqii

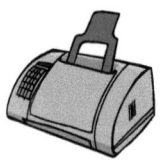

факс

maashina faaksiis

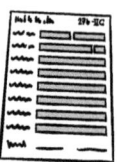

бланк

uunkaa

документ

dookimantii

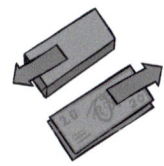

купувати

bituu

платити

kafaluu

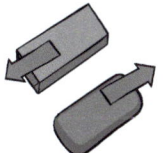

торгувати

daldaluu

гроші

qarshii

долар

doolaara

євро

yuroou

ієна

yen

рубль

ruubilii

франк

Farankaa swwiz

юанів женьміньбі

yuwaanii reenmiinbii

рупія

ruuppee

банкомат

kaash pooyintii

обмінний пункт

biiroo de cheenjee

золото

warqee

срібло

meeta

нафта

zayita

енергія

human

ціна

gatii

контракт

koontiraata

податок

taaksii

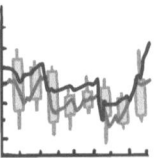

акція

shaqaxa

працювати

hojjechuu

працівник

qacaramaa

роботодавець

qacaraa

фабрика

faabrikaas

магазин

dukkaana

професії
hojii

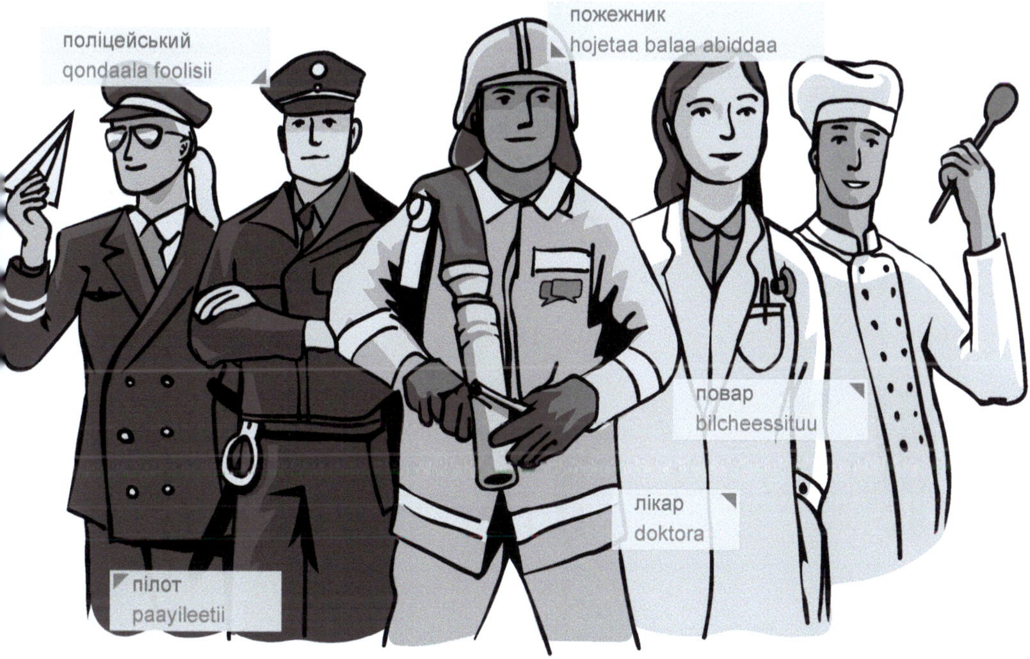
поліцейський
qondaala foolisii
пожежник
hojetaa balaa abiddaa
повар
bilcheessituu
лікар
doktora
пілот
paayileetii

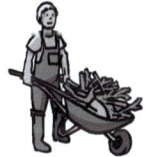

садівник

waardiyyaa

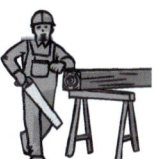

столяр

ogeessa mukaa

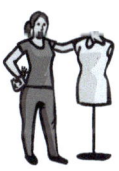

швачка

ooftuu jabalaa

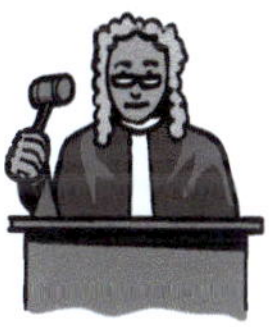

суддя

abbaa seeraa

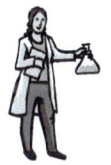

хімік

keemistii

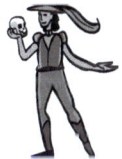

актор

ta'aa

водій автобуса

konkolaachisaa

таксист

konkolaachisaataaksii

рибалка

qurxumii kiyyeessaa

прибиральниця

qulqulleessituu

покрівельник

hojetaa baaxii

офіціант

keessummeessaa

мисливець

adamisituus

художник

halluu dibduu

пекар

tolchituu

електрик

elektrishaana

будівельник

ijaaraa

інженер

injinara

забійник

mana foonii

бляхар

hjjetaa ujummoo

листоноша

poostaa geessituu

солдат

raayyaa

архітектор

arkteektii

касир

qarshi qabduu

флорист

abaaboo gurgurtuu

перукар

dabbasaa murtuu

кондуктор

kondaaktara

механік

makaanika

капітан

kaappiteenii

дантист

hakiima ilkee

вчений

saayntiistii

рабин

rabbi

імам

imaama

монах

moloskee

пастор

luba

інструменти

meeshaalee

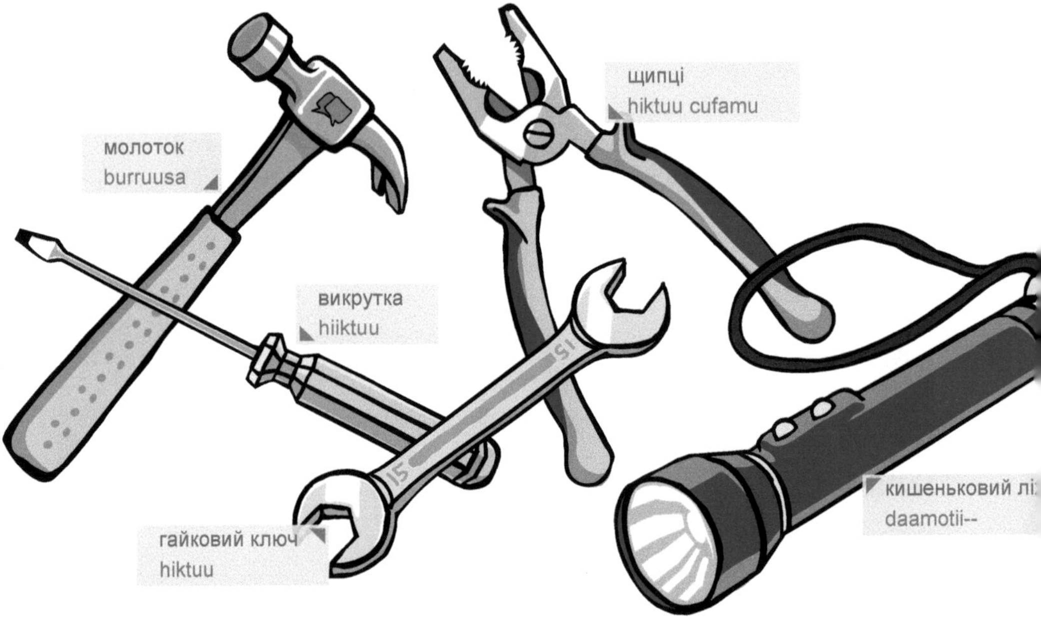

молоток
burruusa
щипці
hiktuu cufamu
викрутка
hiiktuu
гайковий ключ
hiktuu
кишеньковий лі
daamotii--

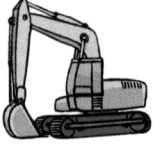

екскаватор

gasoo

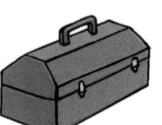

ящик для інструментів

saanduqa meeshhalee

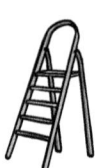

драбина

kortoo

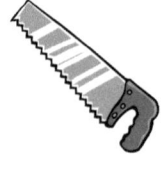

пилка

magaazii

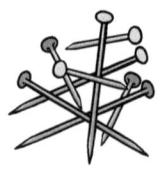

цвяхи

bismaara

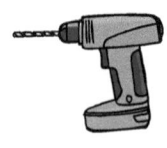

свердло

diriilii

ремонтувати

suphuu

лопата

akaafaa

лайно!

dhaabi

совок

gataa balfaa

відро з фарбою

qodaa haalluu

гвинти

hiktuu

музичні інструменти
meeshaalee muuziqaa

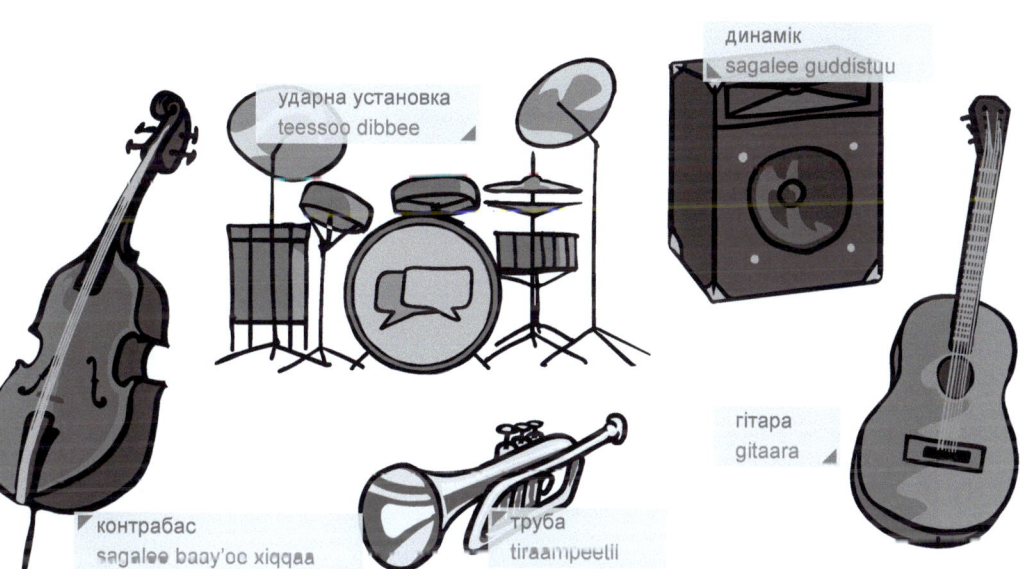

динамік
sagalee guddistuu

ударна установка
teessoo dibbee

контрабас
sagalee baay'oo xiqqaa

труба
tiraampeelii

гітара
gitaara

фортепіано

piyaanoo

скрипка

vaayoolinii

бас

sagalee xiqqaa

литаври

timpaanii

барабан

dibbee

клавіатура

kiiboordii

саксофон

saaksi foona

флейта

ulullee

мікрофон

may craafoona

зоопарк
dallaa beeladaa

тигр
qeerreensa

вхід
seensa

клітка
garondoo

зебра
hare diidoo

корм
soorata beeladaa

панда
paandaa

тварини

beeladoota

слон

arba

кенгуру

kaangaaroo

носоріг

warseesa

горила

jaldeessa guddaa

ведмідь

godaa

верблюд

gala

страус

guchii

лев

leenca

мавпа

jaldeessa

фламінго

fiilaamingoo

папуга

simbira dubbattu

білий ведмідь

diibii poolarii

пінгвін

peengyuunii

акула

shaarkii

павич

piikookii

змія

bofa

крокодил

qocaa

працівник зоопарку

eegaa zoo

тюлень

chaappaa

ягуар

sanyii qeerensaa

поні

farda gabaabduu

леопард

sanyii qeerrensaa

гіпопотам

roobii

жираф

sattaawwaa

орел

culullee

кабан

ifaannaa

риба

qurxummii

черепаха

qocaa galaanaa

морж

beelada bishaan keessaa

лисиця

sardiida

газель

godaa

американський футбол
kubbaa miilaa ameerikaa

їзда на велосипеді
dargmmii bishkilileettaa

теніс
teenisa

баскетбол
kubba kaachoo

плавання
bishaan daakkaa

бокс
aboottoo

хокей
sigigoo cabbie

футбол
kubbaa miilaa

бадмінтон
baadmentanii

легка атлетика
atileetii

гандбол
kubba harkaa

лижні перегони
skiing

поло
pooloo

стрибати
utaalcha

сміятися
kolfa

обіймати
hammachuu

йти
deemuu

співати
sirbuu

мріяти
abjuu

молитися
kadhannaa

цілувати
dhungoo

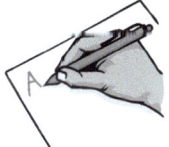

писати

barreessuu

малювати

fakkii kaasuu

показувати

agrsiisuu

тиснути

dhiibuu

давати

kennuu

брати

fudhachuu

мати

qabaachuu

робити

gochuu

бути

ta'uu

стояти

dhaabbachuu

бігати

kaachuu

тягнути

harkisuu

кидати

darbachuu

падати

kufuu

лежати

soba

очікувати

eeguu

носити

baachuus

сидіти

taa'uu

одягати

uffachuu

спати

rafuu

просипатися

dammaquu

дивитися

ilaaluu

плакати

iyyuu

гладити

dhiibbaa dhiigaa

розчісувати

filuu

розмовляти

haasa'uu

розуміти

hubachuu

питати

gaafachuu

слухати

dhggeeffachuu

пити

dhuguu

їсти

nyaachuu

прибирати

ol kaasuu

любити

jaalala

варити

bilcheessuus

їхати

oofuu

пітати

barrisuu

йти під вітрилом

jabalan

рахувати

heerregii

читати

dubbisuu

вчитися

baruumsa

працювати

hojjechuu

одружуватися

fuudha

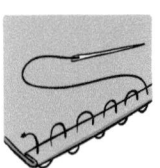

шити

hodhuu

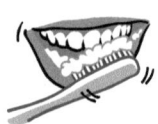

чистити зуби

ilkaan rigachuu

убивати

ajjeecha

курити

xuuxuu

посилати

erguu

karaa haadhaa

дідуся
akaakayyuu karaa abbaa

батько
abbaa

мати
haadha

немовля
daa'ima

донька
intala durbaa

син
ilma dhiiraa

гість

keessummaas

тітка

adaadaa

дядько

eessuma

брат

obboleessa

сестра

obboleettii

тіло

qaama

чоло
adda
око
ija
плече
ceekuu
палець
quba
обличчя
fuula
підборіддя
igicii
кисть
harka
груди
harma
нога
luka
рука
irree

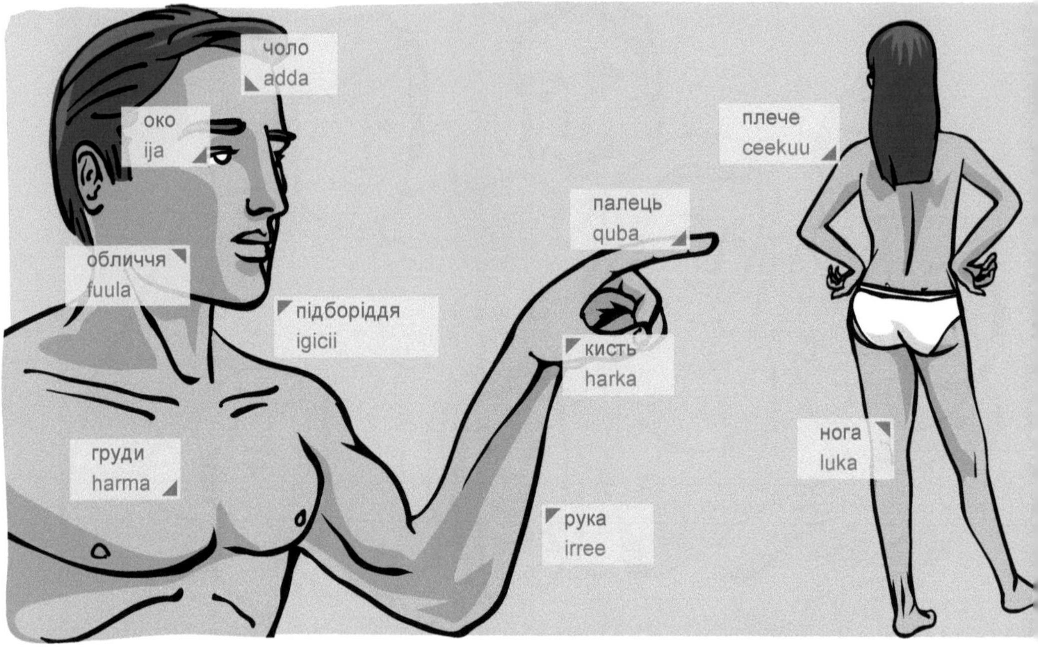

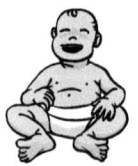

немовля

daa'ima

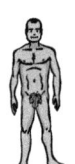

чоловік

nama

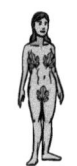

жінка

dubartii

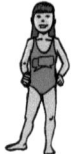

дівчина

durba

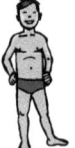

хлопчик

mucaa

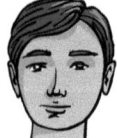

голова

mataa

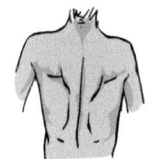

спина

duuba

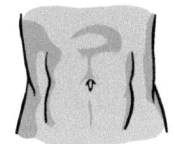

живіт

godhami

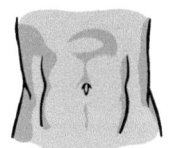

пуп

belly button

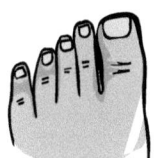

палець ноги

qubq miilaa

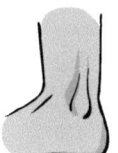

п'ята

koomee

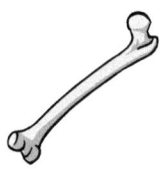

кістка

lafee

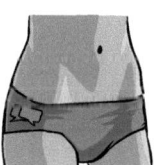

стегно

dirra

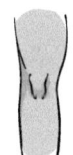

коліно

jilba

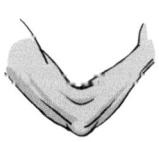

лікоть

ciqilee

ніс

fuunyaan

сідниці

jala

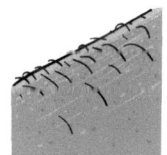

шкіра

gogaa

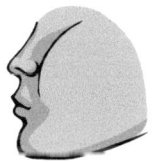

щока

boqoo

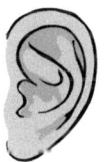

вухо

gurra

губа

hidhii

тіло - qaama

рот

afaan

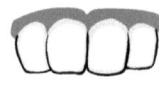

зуб

ilkee

язик

arraba

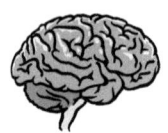

мозок

sammuu

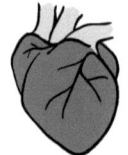

серце

onnee

м'яз

fon irree

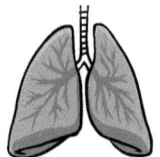

легені

somba

печінка

tiruu

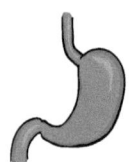

шлунок

garaacha

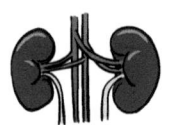

нирки

kaleewwan

статевий акт

wal qunnamitii saalaa

презерватив

kondomii

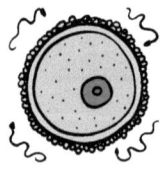

яйцеклітина

buphaa dubartii

сперма

mi'oo

вагітність

ulfa

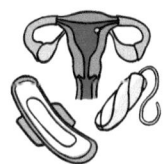

менструація

laguu ji'aa

вагіна

buqushaa

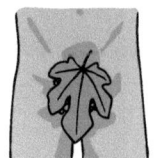

пеніс

tuffee

брова

laboobbaa ijaa

волосся

rifeensa

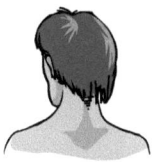

шия

morma

лікарня
hospitaala

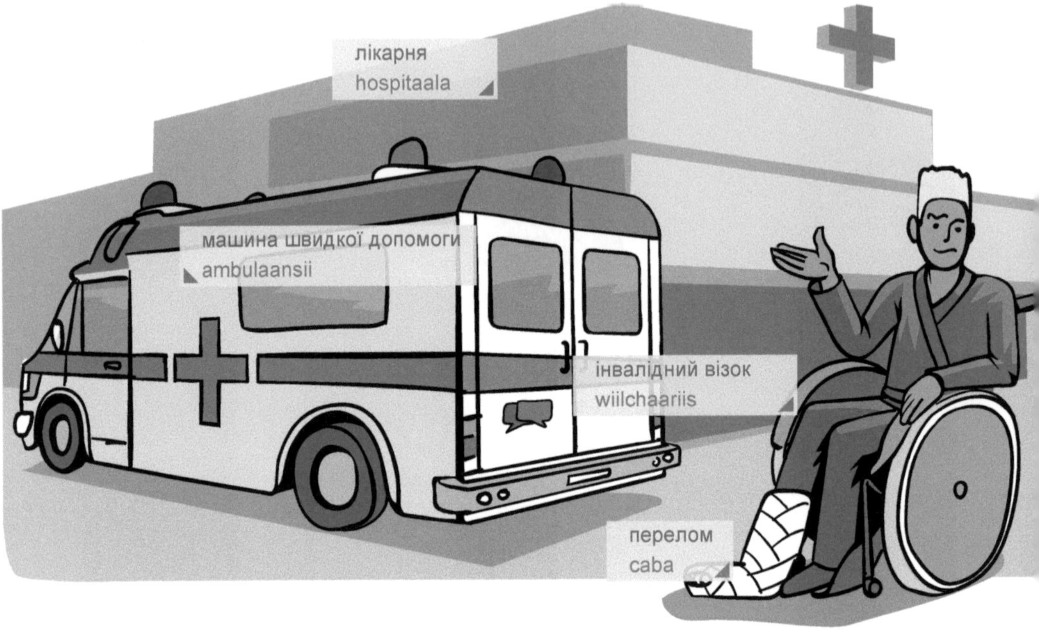

лікарня
hospitaala
машина швидкої допомоги
ambulaansii
інвалідний візок
wiilchaariis
перелом
caba

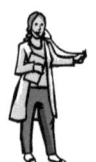

лікар

doktora

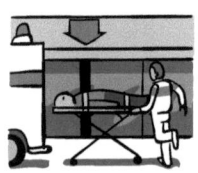

відділення швидкої медичної допомоги

kutaa hatattamaa

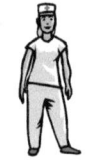

медсестра

narsii

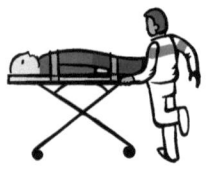

аварійний випадок

hatattama

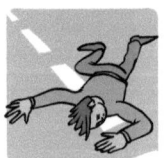

непритомний

kan hin dammaqin

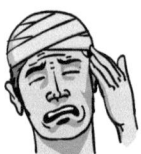

біль

dhukkubbii

травма

miidhhaa

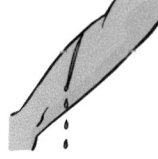

кровотеча

dhiiguu

інфаркт

dhukkuba onnee

інсульт

baay'ina dhiigaa

алергія

hooqxoo

кашель

qufaa

лихоманка

oo'aa qaamaa

грип

qufaa

пронос

baasaa

головна біль

bowoo mataa

рак

kaansarii

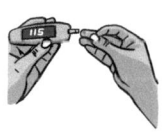

діабет

dhibee sukkaaraa

хірург

baqaqsanii hodhuu

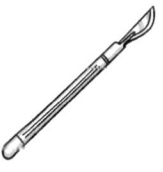

скальпель

halbee

операція

hojii

КТ
CT

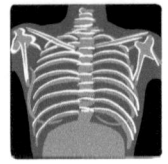

рентген
raajii

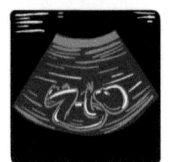

ультразвук
aaltraasaawandii

маска
haguuggii fuuiaa

хвороба
dhukkuba

зал очікування
kutaa haar galfii

милиця
hirkannaa

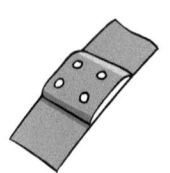

пластир
pilaastara

пов'язка
baandeejii

ін'єкція
limmoo waraanuu

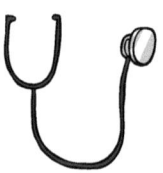

стетоскоп
isteetskooppi

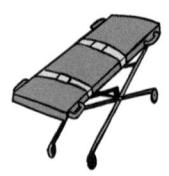

ноші
siree dhukkubsataa

термометр
termoo meetira klinikaa

народження
dhaloota

надмірна вага
ulfaatinaa ol

слуховий апарат

gargaaraa dhageettii

дезінфікуючий засіб

qoricha aramaa

інфекція

miidhama keessaa

вірус

vaayirasa

ВІЛ / СНІД

ECH AAIVII / EEDSII

медицина

qoricha

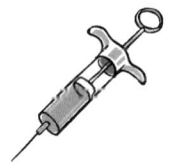

вакцинація

talaallii

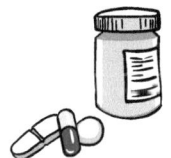

таблетки

kiniinii

протизаплідна пігулка

kiniinii

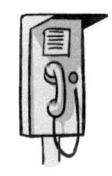

екстрений виклик

waamicha hatattamaa

тонометр

too'attuu dhiibbaa dhiigaa

хворий / здоровий

dhukkuba / fayyaa

сигнал тривоги

alaarmiis

напад

weerara

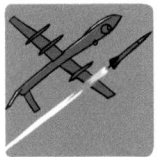

Допоможіть!

gargaarsa!

атака

miidhuu

небезпека

suukaneessaa

аварійний вихід

baha hatattamaa

Вогонь!

abidda

вогнегасник

abidda dhaamisituu

аварія

balaa

аптечка

saanduqa gargaasa calqabaa

COC

Sii'oosii

поліція

foolisii

Європа

awurooppaa

Північна Америка

ameerikaa kabaa

Південна Америка

ameerikaa kibbaa

Африка

afrikaa

Азія

eesiyaa

Австралія

awustraaliyaa

Атлантика

alllaantik

Тихий океан

paasfiik

Індіиський океан

galaana hindii

Антарктичний океан

galaana antaartikaa

Північний Льодовитий океан

galaana arkitiik

Північний полюс

polii kaabaa

Південний полюс

polii kibbaa

Антарктика

antaartikaa

Земля

dachee

суша

dachee

море

garba

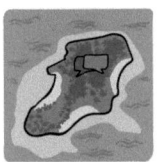

острів

odola

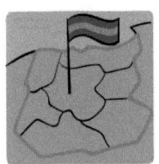

нація

lammii

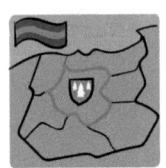

держава

kutt biyyaa

циферблат

clock face

годинникова стрілка

sa'aatii kana

хвилинна стрілка

daqiiqaa kana

секундна стрілка

moofaa

Котра година?

yeroon meeqa ta'ee?

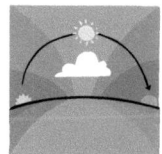

день

guyyaa

час

yeroo

зараз

amma

цифровий годинник

sa'aatii diiskoo

хвилина

daqiiqaa

година

sa'aatii

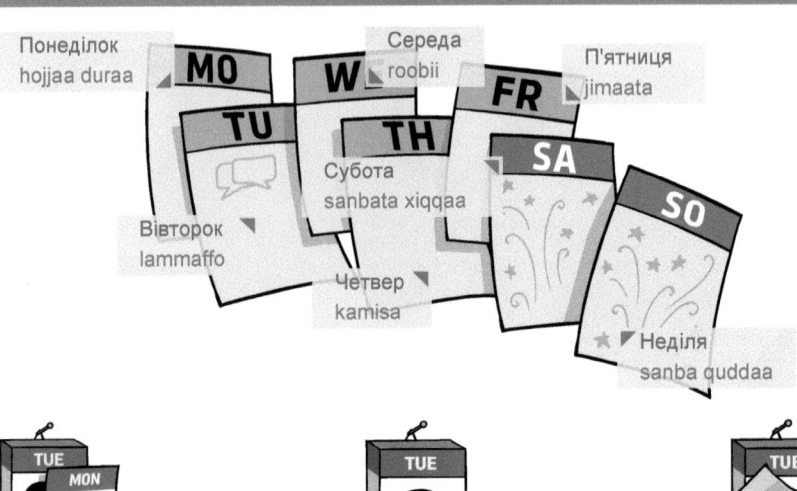

Понеділок
hojjaa duraa

Середа
roobii

П'ятниця
jimaata

Субота
sanbata xiqqaa

Вівторок
lammaffo

Четвер
kamisa

Неділя
sanba quddaa

вчора

kaleessa

сьогодні

har'a

завтра

boru

ранок

ganama

опівдні

guyyaa qixxee

вечір

galgala

робочі дні

guyyaa hojii

кінець робочого тижня

dhuma forbee

рік

waggaa

дощ
rooba
веселка
sabbata waaqqaa
вітер
bubbee
сніг
cabbii
весна
birraa
літо
bona
осінь
arfaasaa
зима
ganna

4.APRIL 11°
5.APRIL 4°
6.APRIL 13°
7.APRIL 8°
8.APRIL 10°

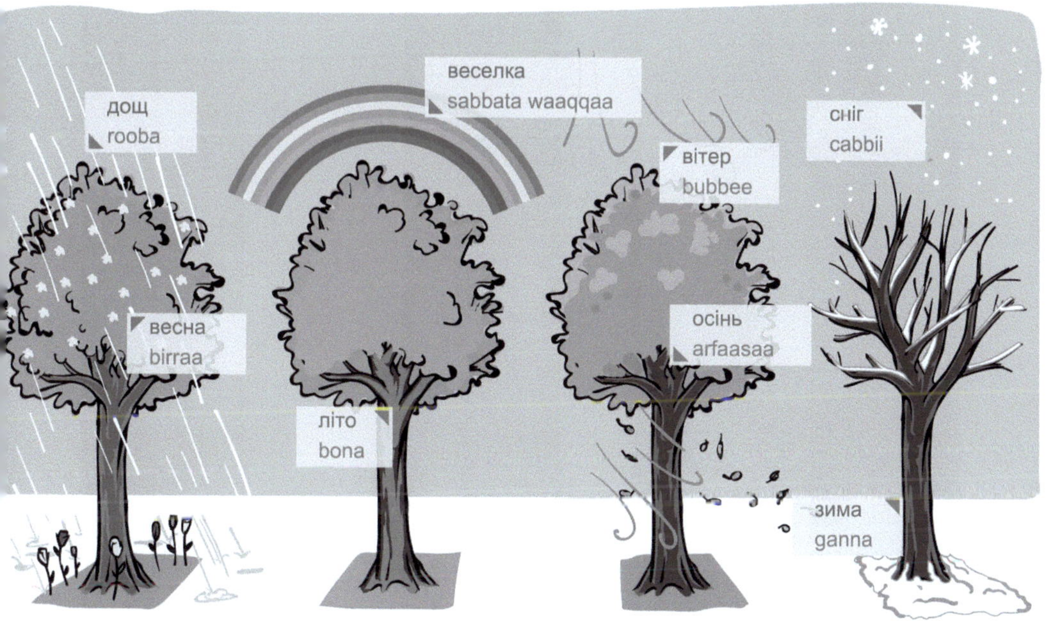

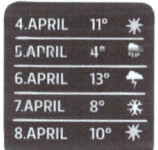

прогноз погоди

raaga haala qileensaa

F
C
120
90
60
30
0
-30
40
30
20
10
0
-10
-20

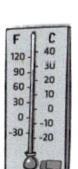

термометр

teermoomeetirii

сонячне світло

baha aduu

хмара

duumessa

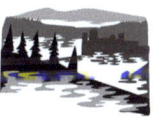

туман

hurii

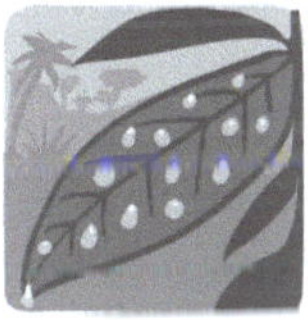

вологість повітря

jiidha

блискавка

bakakkaa

грім

balaqqee

шторм

dirrisa

град

cabbii

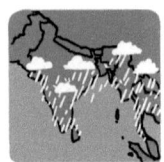

мусон

monsoon

повінь

lolaa

лід

cabbie

Січень

Amajjii

Лютий

Gurraandhala

Березень

Bitootessa

Квітень

Eebila

Травень

Caamsaa

Червень

Waxabajji

Липень

Adooleessa

Серпень

Hagayya

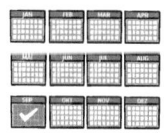

Вересень

Fulbaana

Жовтень

Onkololeessa

Листопад

Sadaasa

Грудень

Muddee

круг

yeengoo

квадрат

ısqeerii

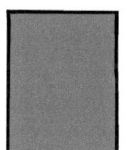

прямокутник

rog arfee

трикутник

rg sadee

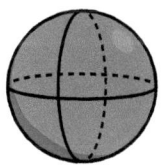

куля

molaalee

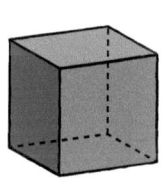

куб

kuubii

фарби

haluuwwan

білий

adii

жовтий

boora

помаранчевий

keelloo

рожевий

boorilee

червоний

diimaa

фіолетовий

bunnii

синій

cuqliisa

зелений

magariisa

коричневий

magaala

сірий

bulee

чорний

gurraacha

багато / мало

baay'ee / xiqqoo

лютий / мирний

aara / gammachuu

гарний / бридкий

bareeda / fokkuu

початок / кінець

calqaba / xumuura

великий / малий

guddaa / xiqqaa

світлий / темний

ifa / dukkana

брат / сестра

obboleessa / obboleettii

чистий / брудний

qulqulluu / xurii

завершений / незавершений

xumuuramaa / kan hin xumuuramin

день / ніч

guyyaa / halkan

мертвий / живий

du'aa / jiraa

широкий / вузький

bal'aa / dhiphaa

їстівний / неїстівний

kan nyaatamu / kan hin nyaatamne

злий / дружній

badd / gaarii

збуджений / нудьгуючий

gammachuu / ifannaa

товстий / тонкий

furdaa / qal'aa

спочатку / востаннє

calqaba / dhuma

друг / ворог

michuu / diina

повний / порожній

guutuu / duwwaa

жорсткий / м'який

sakoruu / lalllaafaa

важкий / легкий

ulfaataa / salphaa

голод / спрага

beeluu / dheebuu

хворий / здоровий

dhukkuba / fayyaa

незаконний / законний

seer malee / seera qabeessa

розумний / дурний

gaanfuree / dabeessa

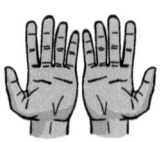

вліво / вправо

bitaa / mirga

поруч / далеко

maddii / fagoo

новий / використаний

haara'a / moofaa

нічого / щось

homma / waan tokko

старий / молодий

jaarsa / dargaggeessa

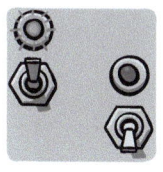

вкл / викл

ibsuu / dhaamsuu

відкрито / закрито

banuu / cufuu

тихо / гучно

callisuu / sagalee olkaasuu

багатий / бідний

sooressa / hiyyeessa

правильно / неправильно

sirrii / dogongora

шорсткий / гладкий

sokorruu / lallaafaa

сумний / щасливий

aara / gammachuu

короткий / довгий

dheeraa / gabaabaa

повільно / швидко

qususaa / collee

вологий / сухий

jiidhaa / goggogaa

гарячий / холодний

oo'aa / qorraa

війна / мир

lola / nagaa

0

нуль

duwwaa

1

один

tokko

2

два

lama

3

три

sadis

4

чотири

afur

5

п'ять

shan

6

шість

jaha

7

сім

torba

8

вісім

saddeet

9

дев'ять

sagal

10

десять

kudhan

11

одинадцять

kudha tokko

12

дванадцять

kudha lama

13

тринадцять

kudha sadi

14

чотирнадцять

kudha afur

15

п'ятнадцять

kudha shan

16

шістнадцять

kudha jaha

17

сімнадцять

kudha torba

18

вісімнадцять

kudha saddeet

19

дев'ятнадцять

kudha sagal

20

двадцять

diigdama

100

сто

dhibba

1.000

тисяча

kuma

1.000.000

мільйон

maliyoona

англійська

Ingiliffa

американська англійська

Ingiliffa Ameerikaa

китайська
високочиновницька

Mandarinii chaayinaa

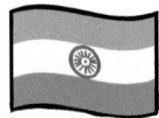

хінді

Afaan Hindii

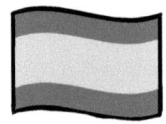

іспанська

Afaan Speen

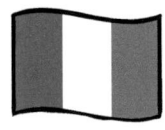

французька

Afaan Faransaay

арабська

Afaan Arabaa

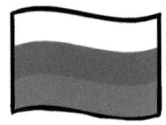

російська

Afaan Raashaa

португальська

Afaan Poortugaal

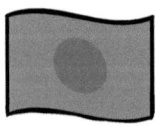

бенгальська

Afaan Beengaal

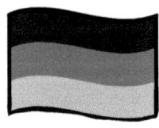

німецька

Afaan Jarman

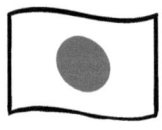

японська

Afaan Jaappaan

я
ana

ти
si

він / вона / воно
isa / ishii / isa / wantootaf

ми
nu'ii

ви
isin

вони
isan

хто?
eenyuu?

що?
maal'?

як?
akkamitti

де?
eessa?

коли?
hoom?

ім'я
maqaa

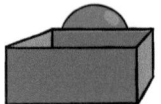

ззаду

duuba

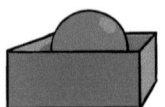

в

keessa

перед

fuldura

над

irra

на

gubbaa

під

jala

біля

maddii

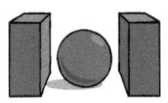

між

gidduu

місце

bakkee